BIBLIOTHÈQUE NATIONALE.

NOTICE

DES

OBJETS EXPOSÉS

DANS LA GALERIE MAZARINE

À L'OCCASION

DU SECOND CENTENAIRE DE LA MORT

DE

JEAN RACINE

AVRIL 1899

PARIS

IMPRIMERIE NATIONALE

1899

SECOND CENTENAIRE

DE

LA MORT DE RACINE

NOTICE

DES

OBJETS EXPOSÉS

DANS LA GALERIE MAZARINE

À L'OCCASION

DU SECOND CENTENAIRE DE LA MORT

DE

JEAN RACINE

AVRIL 1899

PARIS

IMPRIMERIE NATIONALE

1899

NOTICE

DES

OBJETS EXPOSÉS

DANS LA GALERIE MAZARINE.

ÉDITIONS ORIGINALES DES PIÈCES DE THÉÂTRE DE RACINE.

1. La Thébayde, ou les Frères ennemis, tragédie. *Paris, Claude Barbin*, 1664. In-12 de 4 feuillets préliminaires non chiffrés, 70 pages chiffrées et 1 page non chiffrée pour l'Extrait du privilège. [Rés. Yf. 3204.]

2. La Thébayde, ou les Frères ennemis, tragédie. *Paris, Thomas Jolly*, 1664, in-12. [Bibl. Maz. Rés. 21833⁷** (1).]

Exemplaire portant le nom du libraire Jolly, que Barbin avait associé à son privilège.

3. La Thébayde, ou les Frères ennemis, tragédie. *Paris, Gabriel Quinet*, 1664, in-12. [Rés. Yf. 3980.]

Exemplaire portant le nom du libraire Quinet, que Barbin avait associé à son privilège.

4. Alexandre le Grand, tragédie. *Paris, Pierre Trabouillet,* 1666. In-12 de 12 feuillets préliminaires
non chiffrés et 84 pages chiffrées, en réalité 72,
les chiffres 61-72 ayant été sautés dans la numé-
rotation. [Bibl. Maz. Rés. 21833[7]** (2).]

5. Alexandre le Grand, tragédie. *Paris, Théodore Girard,* 1666, in-12. [Rés. Yf. 3205.]

Exemplaire portant le nom du libraire Girard, associé au privilège de Pierre Trabouillet.

6. Alexandre le Grand, tragédie. *Paris, Pierre Trabouillet,* 1672, in-12, [Rés. Yf. 3862.]

7. Alexandre le Grand, tragédie. *Paris, Théodore Girard,* 1672, in-12. [Bibl. Maz. 21833 L.]

Exemplaire portant le nom du libraire Girard, associé au privilège de Pierre Trabouillet.

8. Andromaque, tragédie. *Paris, Théodore Girard,*
1668. In-12 de 6 feuillets préliminaires non
chiffrés, 95 pages chiffrées, en réalité 93, les
chiffres 73-74 ayant été sautés dans la numérota-
tion, et 2 pages non chiffrées pour le Privilège.
[Rés. Yf. 3206.]

9. Andromaque, tragédie. *Paris, Henry Loyson,* 1673,
in-12. [Rés. Yf. 3863.]

10. Andromaque, tragédie par Monsieur de Racine.
Amsterdam, 1682, in-12. [Rés. p. Yf. 78.]

11. Les Plaideurs, comédie. *Paris, Claude Barbin*, 1669. In-12 de 4 feuillets préliminaires non chiffrés et 88 pages chiffrées. [Rés. Yf. 3207.]

12. Les Plaideurs, comédie. *Paris, Gabriel Quinet*, 1669, in-12. [Rés. Yf. 4621.]

Exemplaire portant le nom du libraire Quinet, que Barbin avait associé à son privilège.

13. Les Plaideurs, comédie par M. D. Racine. *Cologne, Pierre Du Marteau*, 1669, in-12. [Rés. p. Yf. 79.]

14. Les Plaideurs, comédie par M. de Racine. *Suivant la copie de Paris, à Amsterdam, chez Antoine Schelte*, 1698, in-12. [Rés. Yf. 4622.]

15. Britannicus, tragédie. *Paris, Claude Barbin*, 1670. In-12 de 8 feuillets préliminaires non chiffrés et 80 pages chiffrées. [Rés. Yf. 3208.]

16. Bérénice, tragédie par M. Racine. *Paris, Claude Barbin*, 1671. In-12 de 10 feuillets préliminaires non chiffrés et 88 pages chiffrées. [Rés. Yf. 3209.]

17. Bajazet, tragédie par M. Racine. *Et se vend pour l'autheur, à Paris, chez Pierre Le Monnier*, 1672. In-12 de 4 feuillets préliminaires non chiffrés et de 99 pages chiffrées. [Rés. Yf. 3210.]

18. Mithridate, tragédie par M. Racine. *Paris, Claude*

Barbin, 1673. In-12 de 6 feuillets préliminaires non chiffrés et de 81 pages chiffrées. [Rés. Yf. 3211.]

19. Iphigénie, tragédie par M. Racine. *Paris, Claude Barbin,* 1675. In-12 de 6 feuillets préliminaires non chiffrés et 72 pages chiffrées. [Rés. Yf. 3212.]

20. Phèdre et Hippolyte, tragédie par M. Racine. *Paris, Claude Barbin,* 1677. In-12 de 6 feuillets préliminaires non chiffrés, 1 frontispice gravé et 78 pages chiffrées. [Rés. Yf. 3213.]

21. Phèdre et Hippolyte, tragédie par M. Racine. *Paris, Claude Barbin,* 1677. In-12 de 6 feuillets préliminaires non chiffrés y compris le frontispice gravé et 74 pages chiffrées. [Rés. Yf. 3217 (2).]

22. Esther, tragédie tirée de l'Escriture Sainte. *Paris, Denys Thierry,* 1689. In-4° de 6 feuillets préliminaires non chiffrés, 1 frontispice gravé, 83 pages chiffrées et 1 page non chiffrée pour le Privilège; car. italiques. [Rés. Yf. 626.]

23. Esther, tragédie tirée de l'Escriture Sainte. *Paris, Denys Thierry,* 1689. In-12 de 8 feuillets préliminaires non chiffrés y compris le frontispice gravé, 86 pages chiffrées et 4 pages non chiffrées pour le Privilège. [Rés. Yf. 3214.]

24. Esther, tragédie tirée de l'Escriture Sainte. *Paris,*

Claude Barbin, 1689, in-12. [Bibl. Arsenal 9894 *bis* B. L.]

Exemplaire portant le nom du libraire Barbin, que Denys Thierry avait associé à son privilège.

25. Chœurs de la tragédie d'Esther. (*Paris*), *impr. de Denys Thierry* (s. d.). In-4° de 16 pages; car. italiques. [Rés. Yf. 2047.]

26. [Musique d'Esther, par J.-B. Moreau.] Ms., in-4° oblong. [Vm⁷ 3424, p. 33-60.]

27. Chœurs de la tragédie d'Esther, avec la musique composée par J.-B. Moreau, maistre de musique du Roy. *Paris, Denys Thierry, Claude Barbin et Christophe Ballard*, 1689. In-4° de 4 feuillets préliminaires non chiffrés y compris le frontispice gravé et 99 pages chiffrées. [Vm¹ 1564.]

28. Intermèdes en musique de la tragédie d'Esther, propres pour les dames religieuses et toutes autres personnes, par monsieur Moreau... *Paris, Christophe Ballard*, 1696, in-4°. [Vm¹ 1565.]

29-30. Athalie, tragédie tirée de l'Écriture Sainte. *Paris, Denys Thierry*, 1691. In-4° de 6 feuillets préliminaires non chiffrés, 1 frontispice gravé et 87 pages chiffrées; car. italiques. [Rés. Yf. 616.]

1 autre exemplaire, avec l'ex-libris de la Bibliothèque de la maison royale de Saint-Cyr. [Rés. Yf. 617.]

31. Athalie, tragédie tirée de l'Écriture Sainte. *Paris, Denys Thierry,* 1692. In-12 de 8 feuillets préliminaires non chiffrés y compris le frontispice gravé, et 114 pages chiffrées. [Rés. Yf. 3215.]

32. Athalie, tragédie tirée de l'Écriture Sainte. *Paris, Claude Barbin,* 1692, in-12. [Rés. Yf. 3869.]

> Exemplaire portant le nom du libraire Barbin, que Denys Thierry avait associé à son privilège.

33. [Musique d'Athalie, par J.-B. Moreau.] Ms., in-4° oblong. [Vm⁷ 3424, pages 1-27.]

34. La Musique d'Athalie, par J.-B. Moreau, maistre de musique du Roy, composée par ordre de Sa Majesté, gravée par H. de Baussen. *Se vend à Paris, chez l'autheur rue Sᵉ Croix de la bretonnerie; chez Monsʳ Loyauté, Mᵉ Ecrivain; et chez Foucault, marchand papetier* (s. d.). In-4° de 23 feuillets. [Bibl. du Conservatoire de musique de Paris, n° 3127.]

TRADUCTIONS DES PIÈCES DE THÉÂTRE DE RACINE,
PUBLIÉES AU XVIIᵉ SIÈCLE.

35. Alexander de Groote, treurspel, uit het Fransch van den Heer Racine nagevolgt door Abraham Bógaert. *Amsterdam, J. Lescailje,* 1693, in-8°. [8° Yth. 67101.]

36. Andromaché, treurspél, uit het Fransch van den

Heer Racine (door L. Meijer). *Amsterdam, A. Magnus,* 1678, in-8°. [8° Yth. 67147]. — (Avec la marque de *Nil volentibus arduum.*)

37. De Pleiters, blyspel, uit het Fransch van den Heer Racine (door A. Bógaert). *Amsterdam, A. Magnus,* 1695, in-8°. [8° Yth. 69447.]

38. Britannicus, treurspel, uit het Fransch van de Heer Racine (door J. de Canjoncle). *Amsterdam, J. Lescailje,* 1693, in-8°. [8° Yth. 67461.]

39. Berenice, treurspel, uit het Fransch van den Heer Racine (door F. Ryk). *Amsterdam, A. Magnus,* 1684, in-8°. [8° Yth. 67372.]

40. Berenice, tragedia di M. Rasino, tradotta e rappresentata dá sig. cavalieri del collegio Clementino, in Roma nel carnevale dell' anno MDCXCIX... *In Roma et in Bologna, nella Stamperia del Longhi,* 1699, in-12. [8° Yth. 51090.]

Traduction en prose.

41. Bajazeth, treurspel, uit het Frans van de Heer Racine vertaald... (door T. Arends). *Amsterdam, A. D. Oossaan,* 1682, in-8°. [Yf. 67234.]

42. Bajazet, treurspel, uit het Fransch van den Heer Racine (door F. Ryk). *Amsterdam, A. Magnus,* 1684, in-8°. [8° Yth. 67236.]

43. Mitridaet, treurspel, uit het Frans van Racine, op gelijk getal van Nederduitze vaerzen gestelt, door C[ornelis] d[e] B[everen]. *Dordregt, H. en J. Keur,* 1679, in-4°. [4° Yf. 509.]

44. Mitridates, Koning van Pontus, treurspel, uit het Fransch van den Heer Racine, op gelijk getal van Nederduitsche vaarzen gestelt door J. Dullaart. *Leeuwarden, H. Nauta,* 1679, in-8°. [8° Yth. 69173.]

45. Mithridates, Koning van Pontus, enz. Uyt het Frans van den Heer Racine vertaald door T. Arends... *Amsterdam, wed. van G. de Groot,* 1698, in-8°. [Yf. 11124.]

46. Ifigenia, treurspél, uit het Fransch van de Heer Racine (door T. Arends). *Amsterdam, A. Magnus,* 1683, in-8°. [Yf. 11119.] — (Avec la marque de *Nil volentibus arduum.*)

47. Ifigenie in Aulis, treurspel, uyt het Fransch van den Heer Racine op gelijk getal Nederduitsche vaarsen gestelt door J. Dullaart. *Amsterdam, wed. van G. de Groot,* 1697, in-8°. [8° Yth. 68531.]

48. Phedra en Hippolytus, uit het Fransch van den Heer Racine (door F. Ryk). *Amsterdam, A. Magnus,* 1683, in-8°. [Yi. 2505.]

POÉSIES DIVERSES.

49. La nymphe de la Seine à la Reyne, ode. *Paris, Augustin Courbé*, 1660, in-4° de 15 pages; car. italiques. [Rés. Ye. 1098.]

50. Ode sur la convalescence du Roy. *Paris, Pierre Le Petit*, 1663, in-4° de 8 pages; car. italiques. [Rés. Ye. 1097.]

51. Idylle sur la Paix. Pour estre chanté dans l'orangerie de Sceaux. (*S. l. n. d.*), in-4° de 4 pages non chiffrées; car. italiques. [Rés. Ye. 1100.]

Le permis d'imprimer est du 27 juin 1685.

52. L'Idylle sur la paix et l'Églogue de Versailles; divertissemens representez en differens temps par l'Academie royale de musique. Les paroles sont de differens auteurs et la musique de M. de Lully. (*S. l. n. d.*), in-4° de 16 pages; car. italiques. [Rés. Yf. 2182.]

53. Idylle sur la paix avec l'Églogue de Versailles et plusieurs pièces de symphonie mises en musique par M. de Lully... *Paris, Christophe Ballard*, 1685, in-folio. [Rés. Vm² 37.]

Relié aux armes et au chiffre de Lully.

54. Cantiques spirituels faits par M. R... pour estre

mis en musique. *Paris, Denys Thierry,* 1694, in-4°
de 16 pages; car. italiques. [Rés. Ye. 784.]

55. [Musique des cantiques spirituels, par J.-B. Moreau.] Ms., in-4° oblong. [Vm⁷ 3424, pages 77-104.]

OUVRAGES EN PROSE DE RACINE OU À LUI ATTRIBUÉS.

56. Lettre à l'auteur des Hérésies imaginaires et des
deux Visionnaires. (*S. l. n. d.*), in-4° de 7 pages.
[D. 3860.]

57. Discours prononcez à l'Académie françoise le
2 janvier 1685. *Paris, impr. de Pierre Le Petit,*
1685. In-4° de 37 pages. [Rés. R. 1343.]

    Discours de réception de Thomas Corneille et de Bergeret, et
réponse de Racine. Exemplaire du grand Condé.

58. Harangue faite au Roy, à Versailles, le 21 juillet
M.DC.LXXXV, par Mgr Jacques-Nicolas Colbert,
archevêque et primat de Carthage, coadjuteur de
l'archevêché de Rouen... *Paris, impr. de Frédéric
Léonard,* 1685. In-4° de 10 pages. [Ld⁵. 304.]

    Attribué à Racine par son fils Louis Racine.

59. Relation de ce qui s'est passé au siège de Namur
avec les plans des attaques, de la disposition des

lignes et des mouvemens des armées. *Paris, Denys Thierry,* 1692, in-folio. [Rés. Lh⁵. 57.]

Attribué à Racine par son fils Louis Racine.

60. Factum pour M. le duc de Luxembourg contre Messieurs les ducs et pairs. *Paris, impr. de Jean-Baptiste Coignard,* 1694, in-4°. [4° Fm. 34421.]

Attribué à Racine par Saint-Simon. Une note manuscrite de l'exemplaire exposé porte : *Par Mᵉ Chappé, Adᵗ en Parl.*

61. Au roi et à nosseigneurs de son conseil. [Réponse du duc de Luxembourg à la requête d'évocation du duc de Richelieu du 24 février 1694.] (*S. l. n. d.*), in-4° de 30 pages. [4° Fm. 22412.]

Attribué à Racine par Saint-Simon.

62. Réponse de Monseigneur l'archevêque de Paris aux quatre lettres de Monseigneur l'archevêque de Cambray. (*S. l. n. d.*), in-12. [Rés. D. 45982.]

Attribué à Racine par le président Bouhier. Relié en veau fauve aux armes de Huet, évêque d'Avranches.

63. Campagne de Louis XIV, par M. Pelisson. Avec la comparaison de François Iᵉʳ avec Charles Quint, par M*** (Varillas). *Paris, Mesnier,* 1730, in-12. [Lb³⁷. 3716.]

Malgré l'attribution formelle du titre, la *Campagne de Louis XIV* est l'œuvre de Racine et de Boileau.

64. Éloge historique du roi Louis XIV, sur ses conquêtes depuis l'année 1672 jusqu'en 1678, par MM. Racine et Boileau. *Amsterdam, et se trouve à Paris, chez Bleuet,* 1784, in-8°. [Lb37. 3717.]

Même ouvrage que le numéro précédent. Publié par Fréron fils.

65. Le Banquet de Platon, traduit un tiers par feu M. Racine, de l'Académie françoise, et le reste par Mme de *** (Mme de Mortemart, abbesse de Fontevrault). *Paris, Pierre Gandouin,* 1732, in-12. [Rés. R. 1754.]

66. Abrégé de l'histoire de Port-Royal, par feu M. Racine... *Cologne, aux dépens de la Compagnie,* 1742, in-12. [Ld3. 91.]

Première partie.

67. Abrégé de l'histoire de Port-Royal, par M. Racine... *Imprimé à Vienne et se trouve à Paris, chez Lottin le jeune,* 1767, in-12. [Ld3. 91 A.]

Première et seconde parties.

68. Lettres de Racine et mémoires sur sa vie (par Louis Racine). *Lausanne et Genève, Marc-Michel Bousquet,* 1747, 2 vol. in-12. [Z. 15719-15720.]

Le premier volume contient les lettres de Racine divisées en trois recueils : 1° Lettres écrites dans sa jeunesse à quelques amis; 2° lettres à Boileau; 3° lettres à son fils.

69. Lettres inédites de Jean Racine et de Louis Racine, précédées de la vie de Jean Racine et d'une notice sur Louis Racine. . . par leur petit-fils l'abbé Adrien de La Roque. . . *Paris, L. Hachette,* 1862, in-8°. [Z. 58271.]

70. Trois Lettres inédites de Jean Racine (1693) Neerwinde (publié par E. Minoret). *Paris, Firmin-Didot,* 1884. In-8° de 36 pages. [Lb^{37}. 5067.]

71. Une Lettre inédite de Racine (26 janvier 1659) insérée dans les Mémoires autographes et inédits de Godefroi Hermant, ancien recteur de l'Université, et publiée avec une introduction et des notes, par A. Gazier. . . (Extrait de la « Revue internationale de l'enseignement » du 15 juin 1888.) *Paris, A. Colin,* 1888. In-8° de 11 pages. [Ln^{27}· 38295.]

LIVRES ANNOTÉS PAR RACINE.

72. Biblia sacra vulgatæ editionis. . ., T. III. *Parisiis, excudebat Antonius Vitré,* 1651, in-12. [Rés. A. 5727.]

> Notes en latin et en français sur le *Livre de Job.*

73. Homeri Ilias, id est, de Rebus ad Troiam gestis. *Parisiis, apud Adr. Turnebum,* 1554. In-8°, typis regiis. [Rés. Yb. 522.]

> Au-dessous du titre est la signature de Racine.

74. Pindari Olympia, Pythia, Nemea, Isthmia, Johannes Benedictus . . . totum authorem innumeris mendis repurgavit. . . *Salmurii, ex typis Petri Piededii,* 1620, in-4°. [Rés. Yb. 235.]

La signature de Racine est sur le feuillet du titre, au-dessus du mot *Salmurii.*

75. Sophoclis tragœdiæ septem cum commentariis. *Venetiis, in Aldi Romani academia,* mense Augusto 1502, in-8°. [Rés. Yb. 782.]

Notes sur *Ajax, Électre* et *OEdipe roi.* La signature de Racine est au bas du feuillet du titre.

76. Sophoclis tragœdiæ. . . *Parisiis, apud Adr. Turnebum,* 1553. In-4°, typis regiis. [Rés. Yb. 481.]

Notes sur *Ajax, Électre, Philoctète, OEdipe à Colone,* les *Trachiniennes* et sur la *Vie de Sophocle,* placée en tête du volume.

77. Euripidis tragœdiæ septendecim. . . *Venetiis, apud Aldum,* mense februario 1503, 2 vol. in-8°. [Rés. Yb. 805-806.]

Notes sur *Médée, Hippolyte* et *les Bacchantes.*

78. Platonis de Republica et de Legibus lib. *Venetiis, in ædibus Aldi et Andreæ soceri,* mense septembri 1513, in-4°. [Rés.* E 635.]

79. Platonis omnia opera, cum commentariis Procli in Timœum et Politica. . . *Basileæ, apud Ioan. Valderum,* 1534, in-fol. [Mss. supplément grec, 23.]

Notes en latin et en français. La signature de Racine est au bas du feuillet du titre.

80. Aristotelis de moribus ad Nicomachum libri decem. *Parisiis, apud Guil. Morelium,* 1560. In-4°, typis regiis. [Rés. R. 784.]

> Notes en latin et en français sur les quatre premiers livres des *Éthiques à Nicomaque.* La signature de Racine est au bas du feuillet du titre.

81. Petri Victorii commentarii in primum librum Aristotelis de arte Poetarum... Secunda editio. *Florentiæ, in officina Juntarum,* 1573, in-fol. [Rés. Y. 4.]

82. Dan. Heinsii de tragœdiæ constitutione liber... cui et Aristotelis de Poetica libellus... accedit. *Lugd. Batav., ex officina Elseviriana,* 1643, in-12. [Rés. Y. 67.]

> Notes sur la *Pcétique.* La signature de Racine est au bas du feuillet du titre.

83. Sapientissimi Plutarchi parallelum, vitæ Romanorum et Græcorum quadraginta novem. *Florentiæ, in ædibus Philippi Juntæ,* 1517, in-fol. [Rés. J. 88.]

> Notes sur toutes les *Vies.* Au bas de l'épitre de Junta à Marcel Virgile, on lit de la main de Racine : *Joannes Racine,* 1655.

84. Plutarchi... varia scripta, quæ moralia vulgo dicuntur..., incredibili cura ac labore... instructa a Guil. Xylandro... *Basileæ, per Eusebium*

Episcopium et Nicolai Fr. heredes, 1574, in-fol. [Rés. J. 105.]

Sur le feuillet du titre, on lit de la main de Racine : *Johannes Racine. Cœptum 29 maii 1656.*

85. M. Tullii Ciceronis opera. Ex Petri Victorii castigationibus... *Lugduni, apud Seb. Gryphium*, 1540, in-8°. [Rés. X. 2293.]

Notes sur le *De Inventione*, le *De Oratore* et l'*Orator*. La signature de Racine est au bas du feuillet du titre.

86. M. T. Cic. de Philosophia pars prima (-secunda)... Ex castigatione Joannis Boulierii. *Lugduni, apud Joannem Frellonium*, 1562, in-8°. [Rés. R. 2329.]

Au bas du feuillet du titre de la 1ʳᵉ partie est la signature de Racine.

87. L. Annæi Senecæ philosophi opera omnia, ex ult. I. Lipsii et I.-F. Gronovii emendat... *Lugd. Batav., apud Elzevirios*, 1649, in-12. [Rés. R. 2003.]

La signature de Racine est sur le feuillet du titre, au-dessus du mot *Lugd. Batav.*

88. Cahiers de remarques sur l'orthographe françoise pour estre examinez par chacun de Messieurs de l'Académie (*s. l. n. d.*), in-4°. [Rés. X. 913.]

A la fin, le nom du destinataire «M. Racine» a été inscrit par celui qui devait faire parvenir les Remarques à chacun des académiciens. — Notes de Racine sur les p. 4, 6, 7 et 8.

89. Estat des livres demeurez après le décès de feu
M. Racine... *Pages 39-47 de :* Documents inédits
relatifs à Jean Racine et à sa famille publiés d'après
les originaux par le vicomte de Grouchy. *Paris,
Techener,* 1892, in-8°. [Ln²⁷ 40899.]

PRINCIPALES ÉDITIONS DES OEUVRES DE RACINE,
PUBLIÉES AUX XVIIᵉ ET XVIIIᵉ SIÈCLES.

90. OEuvres de Racine... *Paris, Claude Barbin,* 1676.
2 vol. in-12, le premier de 4 feuillets préliminaires non chiffrés, plus un frontispice gravé, 364
pages chiffrées et 5 gravures, une en tête de
chaque pièce; le second de 6 feuillets préliminaires
non chiffrés, plus un frontispice gravé, 324 pages
chiffrées, 3 pages non chiffrées pour 2 extraits du
Privilège et 4 gravures, une en tête de chaque
pièce. [Rés. Yf. 3216-3217.]

Première édition originale. A la fin du tome II, on a ajouté
la deuxième édition originale de *Phèdre* (texte en 74 pages).

91. OEuvres de Racine... *Paris, Jean Ribou,* 1676.
2 vol. in-12. [Rés. Yf. 3218-3219.]

Même édition que la précédente, dont elle ne diffère que par
le nom du libraire. L'ex. de *Phèdre*, ajouté à la fin du tome II,
n'a qu'un faux titre remplaçant le titre avec date.

92. OEuvres de Racine... *Suivant la copie imprimée à*

Paris (Amsterdam, Abraham Wolfgang), 1678. 2 vol. in-12. [Rés. Yf. 3220-3220 *bis.*]

Marque du *Quærendo.* Chacune des pièces dont se compose ce recueil a un titre spécial, une pagination particulière et un frontispice gravé.

93. OEuvres de Racine . . . *Paris, Denys Thierry*, 1679. 2 vol. in-12. [Bibl. Arsenal. Nouv. F. 4631.]

94. OEuvres de Racine . . . Tome second. *Sur l'imprimé à Paris, chez Claude Barbin*, 1680. [Rés. Yf. 3222.]

95. OEuvres de Racine . . . Tome second. *Sur l'imprimé à Paris, chez Claude Barbin*, 1680. In-12. [Rés. p. Yf. 82.]

Édition différente de la précédente. Ces deux éditions se distinguent par les fleurons et par beaucoup de petites particularités typographiques. Il suffit d'en signaler une : la signature qui est au bas de la page 1 se lit *Tome II* dans la première et *Tom. II* dans la seconde.

96. OEuvres de Racine . . . Tome premier. *Sur l'imprimé à Paris, chez Claude Barbin*, 1681, in-12. [Rés. Yf. 3221.]

97. OEuvres de Racine . . . . . *Paris, Denys Thierry*, 1687. 2 vol. in-12; le premier de 4 feuillets préliminaires non chiffrés, plus un frontispice gravé, 372 pages chiffrées et 5 gravures, une en tête de chaque pièce; le deuxième de 6 feuillets

préliminaires non chiffrés, plus un frontispice gravé, 434 pages chiffrées, 3 pages non chiffrées pour le Privilège, et 5 gravures, une en tête de chaque pièce. [Rés. Yf. 3223-3224.]

Seconde édition originale. Elle contient le *Discours prononcé à l'Académie françoise à la réception de MM. de Corneille et de Bergeret* le 2 janvier 1685 et l'*Idylle sur la Paix.*

98. OEuvres de Racine... *Paris, Pierre Trabouillet,* 1687. 2 vol. in-12. [Bibl. Arsenal. Nouv. F. 4634.]

Exemplaire portant le nom du libraire Trabouillet, que Denys Thierry avait associé à son privilège.

99. OEuvres de Racine. Tome second. *Paris, Claude Barbin,* 1687, in-12. [Rés. p. Yf. 83.]

Exemplaire portant le nom du libraire Barbin, que Denys Thierry avait associé à son privilège. Rel. en veau aux armes de Montmorency.

100. OEuvres de Racine... *Amsterdam, Abraham Wolfgang,* 1690-1692. 3 vol. in-12. [Rés. Yf. 3225-3227.]

Chacune des pièces dont se compose ce recueil a un titre spécial, une pagination particulière, un frontispice gravé et une date qui varie : 1689 pour les *Plaideurs;* 1690 pour la *Thébaïde, Alexandre, Andromaque, Britannicus, Bérénice* et *Bajazet;* 1691 pour *Iphigénie, Phèdre* et *Athalie;* 1692 pour *Mithridate* et *Esther.* Le troisième volume, outre *Esther* et *Athalie,* contient le *Discours prononcé à l'Académie françoise à la réception de MM. Corneille et Bergeret, l'Idylle sur la Paix* et deux *Épigrammes.*

101. OEuvres de Racine... *Sur l'imprimé à Paris, chez Claude Barbin,* 1696. 2 vol. in-12. [Rés. p. Yf. 84.]

> Les tragédies d'*Esther* et d'*Athalie* ont une pagination particulière.

102. OEuvres de Racine... *Paris, Pierre Trabouillet,* 1697. 2 vol. in-12, le premier de 4 feuillets préliminaires non chiffrés, plus un frontispice gravé, 468 pages chiffrées et 6 gravures, une en tête de chaque pièce; le second, de 5 feuillets non chiffrés, plus un frontispice gravé, 516 pages chiffrées et 6 gravures, une en tête de chaque pièce. [Rés. Yf. 3228-3229.]

> Dernière édition originale contenant tout le théâtre de Racine, le *Discours prononcé à l'Académie françoise à la réception de MM. Corneille et de Bergeret, l'Idylle sur la Paix* et les *Cantiques spirituels.*

103. OEuvres de Racine... *Paris, par la Compagnie des libraires,* 1713, 2 vol. in-12. [Rés. Yf. 3230-3231.]

104. OEuvres de Racine... Nouvelle édition, augmentée de diverses pièces et de remarques, etc. *Amsterdam, J.-F. Bernard,* 1722, 2 vol. in-12. [Yf. 3460-3461.]

105. OEuvres de Racine... (Publié par Coste.) *Londres, imprimerie de J. Tonson et J. Watts,* 1723, 2 vol. in-4°. [Rés. Yf. 185-186.]

106. OEuvres de Racine... Nouvelle édition, augmentée de diverses pièces et remarques, etc. *Paris, par la Compagnie des libraires,* 1728, 2 vol. in-12. [Yf. 10766-10767.]

107. OEuvres de Racine... Nouvelle édition, augmentée du Poëme de la Grâce. *Amsterdam, aux dépens de la Compagnie,* 1735, 2 vol. in-12. [Yf. 3462-3463.]

Le *Poëme sur la Grâce,* de Louis Racine, a un titre spécial et une pagination particulière.

108. OEuvres de Racine... Nouvelle édition. *Paris (M.-E. David),* 1736, 2 vol. in-12. (Yf. 3455-3456.]

Avec un Avertissement et une Vie de l'auteur attribués à Ant.-François Jolly. Le nom du libraire est fourni par le Privilège. La Bibliothèque nationale possède également des exemplaires portant les noms de Cavelier et de Quilleau, libraires que David avait associés à son privilège.

109. OEuvres de Racine... Nouvelle édition, augmentée de diverses pièces et de remarques, etc. Avec de très belles figures en taille-douce... *Amsterdam et Leipzig, Arkstée et Merkus,* 1750, 3 vol. in-12. [Rés. Yf. 3234-3235 *bis.*]

Avec les *Remarques de grammaire,* de l'abbé d'Olivet, le *Racine vengé,* de l'abbé Desfontaines, les *Réflexions sur trois pièces de Racine,* par Racine fils, etc.

110. OEuvres de Racine... *Paris (M.-E. David)*, 1760, 3 vol. in-4°. [Rés. Yf. 187-189.]

Cette édition contient, au tome III, sous le titre d'*OEuvres diverses en vers et en prose* : la scène 3 de l'acte V d'*Andromaque*, la scène retranchée de *Britannicus*, la *Nymphe de la Seine à la Reine*, la *Renommée aux Muses*, l'*Idylle sur la paix*, les *Hymnes*, *La lettre à l'auteur des Hérésies imagi.aires*, etc. Le nom du libraire est donné par le Privilège. A la fin du 3ᵉ volume : *De l'Imprimerie de Le Breton, premier imprimeur ordinaire du roi*.

111. OEuvres de Jean Racine... Nouvelle édition, plus correcte et plus ample que toutes les précédentes... *Paris, par la Compagnie des libraires*, 1767, 3 vol. in-12. [Yf. 10773-10775.]

112-113. OEuvres de Jean Racine, avec des commentaires par M. Luneau de Boisjermain, T. I (-V). *Paris, impr. de L. Cellot*, 1768. — OEuvres diverses de Jean Racine, enrichies de notes et de préfaces, T. VI (-VII). *Londres*, 1768. — Le tout en 7 vol. in-8".

Figures de Gravelot. Deux exemplaires sont exposés, le premier, rel. mar. rouge, aux armes de Marie-Antoinette [Rés. Yf. 3243-3249]; le second, sur papier de Hollande, rel. mar. olive, aux armes du roi [Rés. Yf. 3256-3261].

114-115. OEuvres de Jean Racine... Imprimé par ordre du roi pour l'éducation de Monseigneur le Dauphin. *Paris, impr. de F.-A. Didot l'aîné*, 1783, 3 vol. in-4°.

Collection des auteurs classiques françois et latins. Avec une notice sur Racine par Naigeon. Deux exemplaires sont exposés, le

premier, rel. mar. olive, aux armes de Madame Élisabeth [Rés.
Yf. 190-192]; le second, relié maroquin rouge, aux armes de
Mme Du Barry [Bibl. Sainte-Geneviève, OE 1015-1017].

116. OEuvres de Jean Racine... Imprimé par ordre
du roi pour l'éducation de Monseigneur le Dauphin.
Paris, impr. de Didot l'aîné, 1784, 3 vol. in-8°.
[Yf. 3510-3512.]

> Collection des auteurs classiques françois et latins. Avec une
> notice sur Racine, par Naigeon.

117. Un autre exemplaire sur vélin, rel. mar. bleu
aux armes de Louis XVI. Reliure de Derome le
jeune. [Velins, 2622-2625.]

118. OEuvres de Jean Racine... Imprimé par ordre
du roi pour l'éducation de Monseigneur le Dauphin,
Paris, imprimerie de Didot l'aîné, 1784, 5 vol.
in-12. [Bibl. Arsenal 9889 B. L.]

> Collection des auteurs classiques françois et latins.

119. OEuvres de Jean Racine... *Paris, impr. de
P. Didot l'aîné,* an ix (1801), 3 vol. gr. in-fol.

> Avec 57 gravures d'après Gérard, Girodet, Prud'hon, etc.
> L'exemplaire unique imprimé sur vélin est exposé dans la galerie
> Mazarine, vitrine VI, n° 291. [Vélins 10.]

---

120. OEuvres de J. Racine... Nouvelle édition, revue
sur les plus anciennes impressions et les autographes, et augmentée de morceaux inédits, des

variantes, de notices, de notes, d'un lexique des mots et locutions remarquables, d'un portrait, d'un fac-similé, etc., par M. Paul Mesnard... *Paris, Hachette,* 1865-1873, 8 vol. in-8°. [Yf. 3585-3592.] — Musique des chœurs d'Esther et d'Athalie, et des Cantiques spirituels. [Yf. 3593]. Album gr. in-8°. [Yf. 421.]

121. OEuvres de J. Racine... Seconde édition revue et corrigée par M. Paul Mesnard. *Paris, Hachette,* 1885-1888, 8 vol. in-8°. [8° Yf. 201]. Album. [4° Yf. 66.]

MANUSCRITS DE RACINE.
DOCUMENTS RELATIFS À RACINE.

122. Extraits de Tacite et de Quintilien. In-4° de 483 feuillets. [Ms. français 12888.]

En tête de la première partie du volume, Racine a mis ce titre : «Taciti Sententiæ illustriores, excerptæ anno 1656. R.» — A la fin (fol. 226 v°) : «Finis Historiarum. Nihil de Germaniâ et Agricolæ vitâ excerpsimus, quia omnia in illis miranda, excerpenda et ediscenda.»

En tête de la seconde partie: «Quintiliani Sententiæ illustriores, excerptæ anno 1656. R.»

Note mise sur la couverture par Louis Racine : «Extraits écrits par Jean Racine des auteurs latins qu'il lisoit à Port-Royal en 1656; il avoit alors environ 15 ans.»

123. Extraits de S. Basile le Grand. In-4° de 46 feuillets. [Ms. français 12889.]

Sur la couverture, Louis Racine a tracé ces mots : «Extraits de saint Basile, écrits par Jean Racine, pendant qu'il étudioit à Port Royal en 1656.»

124. Correspondance originale de Racine. In-fol. renfermant 118 lettres de Racine, adressées la plupart à son fils, à l'abbé Le Vasseur et à Boileau; la minute de la lettre à Madame de Maintenon, du 4 mars 1698; deux testaments en date du 29 octobre 1685 et du 10 octobre 1698. [Ms. français 12886.]

Le volume est ouvert pour laisser voir le testament par lequel Racine demande à être inhumé dans le cimetière de Port-Royal-des-Champs.

125. Papiers divers de Racine. In-fol. de 234 feuillets. [Ms. français 12887.]

Le volume est ouvert de façon à laisser lire deux pages d'un «Cantique spirituel à la louange de la Charité, tiré de saint Paul, 1. Corinth., ch. 13».

126. Liste de Messieurs de l'Académie françoise en janvier 1676. (*Paris*), *impr. de Pierre Le Petit.* In-4° de 4 pages. [Rés. Z. 1179.]

Au bas de la page 3, on lit : 1673. *Jean Racine, trésorier de France à Moulins, à l'Hostel des Ursins.*

127. «Répertoire des comédies françoises qui se peuvent jouer en 1685.» In-8° de 48 feuillets, relié en maroquin rouge aux armes du Dauphin. [Ms. français 2509.]

Les premiers articles de ce Répertoire sont relatifs à neuf tragédies de Racine : *Phèdre, Bazajet, Britannicus, Mithridate, Andromaque, Iphigénie, Bérénice*, la *Thébaïde, Alexandre.*

Les pages exposées indiquent la distribution des rôles de *Mithridate* et d'*Andromaque.*

128. Histoire des bienfaits du Roi, par l'abbé de Dangeau, années 1686-1690. Volume relié aux armes du Roi. [Ms. français 7659.]

Ce volume contient les deux mentions suivantes :

Au fol. 93 : «14 avril 1688. A Racine et à Despréaux, qui travaillent à l'Histoire du Roi, 1000 pistolles à chacun.»

Au fol. 202 : «Décembre 1690. Le Roi donne à Racine, conu par ses belles tragédies et par l'honeur que Sa Majesté lui a fait de le choisir pour écrire son Histoire, une charge de gentilhomme ordinaire, par la mort de Tors; il en donnera 10,000 livres à la veuve.»

129. Histoire des bienfaits du Roi, année 1690. Volume relié aux armes du roi. [Ms. français 7665.]

On lit dans ce volume (fol. 18), à la date de mai 1699 : «Le Roi donne à la veuve et aux enfans de Racine une pansion de 2000 livres : le fils aîné aura 1000 livres, et la veuve autant pour aider à élever les cadets, et la pansion est donnée par acroissement à celui qui survivra à l'autre.»

130. Registre-journal des délibérations et des assemblées de l'Académie royale des inscriptions. Depuis le samedy 15ᵉ novembre 1698, jusqu'au samedy 5ᵉ septembre 1699. In-fol., relié en maroquin rouge aux armes du roi. [Arch. de l'Académie des inscriptions et belles-lettres.]

Les procès-verbaux copiés dans ce volume mentionnent la présence de Racine aux séances des 15, 18, 22, 25, 29 novembre, 2, 6, 13, 16 et 20 décembre; 10, 13, 17, 20, 24, 27, 31 janvier; 3, 7, 14, 17 et 21 février. L'une des dernières devises à la préparation desquelles il prit part est celle de la duchesse de Bourgogne.

Beaucoup de projets avaient été soumis à l'Académie pour cette devise : dans la séance du 25 novembre, il ne s'en produisit pas moins de sept, parmi lesquels celui de Racine l'emporta.

Charpentier avait proposé pour sujet du jeton un bouton de rose avec ce mot : *Quantos mox fundet odores;* — Tourreil, un miroir ardent avec ce mot : *Quantus cum sole nitor,* pour marquer le soin que le Roi prend de l'éducation de cette princesse; — l'abbé Tallemant, l'étoile de Vénus et le soleil qui paraît sur l'horizon, avec ce mot : *Propiori lumine fulget;* l'étoile de Vénus, qui ne s'éloigne jamais du soleil, en tire un éclat plus brillant que les autres étoiles; madame la duchesse de Bourgogne, que le Roi prend soin d'élever, en reçoit un éclat sans pareil; — Dacier, deux tourterelles sur un myrte, avec ce mot : *Amant, amantur;* — Racine, un bouton de rose, sur lequel le soleil darde ses rayons, avec ce mot : *Firmat sol;* — Tourreil, l'étoile de Vénus, avec ce mot d'Ovide : *Quos debet mundo præbet mihi,* pour dire que le Roi partage ses soins entre son royaume et cette jeune princesse; — Despréaux, une vigne vierge qui est autour d'un laurier, avec ce mot : *Lauros partitur adhærens,* pour faire connaître que l'attachement de cette princesse au Roi lui attirera toute sorte de grandeur et de gloire. Toutes ces devises ayant été approuvées, Coypel fut chargé de les dessiner, pour les soumettre à Pontchartrain.

A la séance du 29, l'Académie fut avisée que «la devise du bouton de rose, avec le mot *Firmat sol,* plaisoit à Pontchartrain, mais qu'il souhaitoit que l'on pût joindre encore un mot à *firmat.* M. Racine, qui avoit fait la devise, a trouvé le mot à l'instant : *firmat et ornat,* sans mettre *sol,* qui est inutile. La Compagnie a approuvé ce mot.» Le dessin du jeton lui fut soumis le 2 décembre, et le jeton fut frappé conformément au projet de Racine. Un exemplaire en est exposé sous le n° 174.

Les regrets que la mort de Racine inspira à l'Académie sont consignés dans le procès-verbal de la séance du 28 avril :

«La mort de M. Racine, arrivée après une longue maladie le 20° de ce mois, a extrêmement affligé la Compagnie. Il estoit grand poète, excellent orateur et très bien instruit en toute sorte de genre de littérature. Il estoit d'un grand secours à l'Académie tant par la vivacité de son esprit que par la connoissance certaine qu'il avoit de tout ce qui regarde l'Histoire du Roy.»

PORTRAITS DE RACINE. —— ESTAMPES DIVERSES[1].

131. Portraits de Racine dessinés par son fils aîné, Jean-Baptiste Racine, sur la couverture d'un exemplaire d'Horace (Éd. de Henri Estienne, 1575). [Rés. p. Yc. 558.]

132. Portrait de Jean Racine en buste.

> Peint par J.-B. Santerre, gravé par Edelinck.
> Ce portrait de Santerre a servi de type à tous les portraits de Racine gravés depuis le xvii⁰ siècle, et c'est l'estampe d'Edelinck qui en est la meilleure traduction. Elle a paru dans les *Hommes célèbres* de Perrault.

133. Portrait en buste d'après la gravure d'Edelinck.

> Gravé au burin par Daullé en 1752.

134. Portrait en buste d'après la gravure d'Edelinck.

> Gravé au burin par P. Savart, 1772.

135. Illustrations pour les œuvres de Racine. Une des premières séries qui aient été exécutées.

> Gravures au burin anonymes.
> 12 pièces : les *Frères ennemis* (1664), *Alexandre* (1666), les *Plaideurs* (1667), *Andromaque* (1667), *Britannicus* (1669), *Bénérice* (1670), *Bazajet* (1672), *Mithridate* (1673), *Iphigénie* (1674), *Phèdre* (1677), *Esther* (1689), *Athalie* (1691).

---

[1] Aux portraits de Racine on a joint des pièces relatives à La Ferté-Milon, son lieu de naissance, à Port-Royal, où il choisit sa sépulture, aux sujets de ses pièces et aux personnages avec lesquels il fut particulièrement en rapport.

136. Illustrations artistiques des œuvres de Racine, tirées de l'édition de 1768 (7 vol. in-8°). Les compositions sont de Gravelot, les gravures de N. Le Mire, Flipart, Duclos, Prevost, Le Vasseur, Lempereur, Née, J.-F. Rousseau, Simonet.

Gravures à l'eau-forte terminées au burin.

137. Frontispice du Racine de Didot. Composition originale de P.P-. Prudhon.

Gravure au burin par Marais.
Avec un envoi de P. Didot l'aîné à de Bure. Voyez plus haut, n° 119.

138. Vue de La Ferté-Milon au temps de la naissance de Racine.

Gravure à l'eau-forte par Israël Silvestre.

139. Vue d'une place à La Ferté-Milon.

Dessin d'Édouard Fleury.

140. Maison de Racine à La Ferté-Milon, en 1846.

Dessin de Barbey, d'après le croquis de l'abbé Lecomte.

141. Statue de Racine à La Ferté-Milon, élevée en 1833.

Gravure et photographie, d'après la statue de David d'Angers.

142. Hôtel de Luynes à Paris, où Racine reçut l'hospitalité de Nicolas Vitart, son oncle, intendant du duc en 1660.

Gravure à l'eau-forte par Israël Silvestre.

143. Vue de l'abbaye de Port-Royal-des-Champs, vers 1700.

Gravure de Bocquet, d'après Mag. Boulongne, 1702.

144. Église de l'abbaye de Port-Royal, avec l'indication des sépultures. A la lettre Y, la sépulture de Vitart, oncle de Racine.

Gravure de Bocquet, d'après Mag. Boulongne, 1702.

145. Dix-huit estampes relatives à l'abbaye de Port-Royal : plans, vues, intérieurs, scènes de la vie des religieuses.

Gravures par Madeleine Hortemels.

146. Portrait de Jean Hamon, près de qui Racine voulut être inhumé à Port-Royal. Voyez n° 129.

Gravure au burin par Van Schuppen, 1689.

147. Portrait de Le Maistre de Sacy, de Port-Royal.

Gravure au burin par N. Habert, d'après Nanteuil.

148. Portrait de Lully, qui fit la musique des chœurs d'*Athalie* et d'*Esther*.

Gravure au burin par Bonnart.

149. Portrait de Boileau Despréaux.

Gravure au burin de P. Drevet, d'après Hyacinthe Rigaud.

150. Portrait de Jean Chapelain.

Gravé au burin par Robert Nanteuil.

151. Portrait de Thomas Corneille, que Racine reçut à l'Académie française, en 1685.

Gravure au burin par F. Lubin.

152. Portrait de Molière.

Gravé par J.-B. Nolin, 1685, d'après Mignard.

153. Portrait de Madame Deshoulières.

Gravure de Desrochers, d'après Sophie Chéron.

154. Portrait de Madeleine de Scudery.

Gravé par F.-G. Wille, d'après Sophie Chéron.

155. Portrait d'Anne-Geneviève de Bourbon, duchesse de Longueville.

Gravure par Regnesson.

156. Portrait de la duchesse de Bouillon (Marie-Anne Mancini).

Gravure au burin par N. Arnoult.

157. Portrait de Louis XIV dans l'année où Racine donna *la Thébaïde* ou *les Frères ennemis* (1664).

Gravure au burin par Robert Nanteuil.

158. Portrait de Louis XIV, en grand costume de cérémonie, dans ses appartements, l'année même de la représentation d'*Athalie,* en 1691.

Gravure au burin publiée par Trouvain.

159. Portrait de Mme de Maintenon. En pied, tenant un éventail.

Gravure publiée chez Guérard.

160. Portrait de Mme de Maintenon, à l'office. Elle est coiffée de sa «fontange» et agenouillée sur son coussin d'église.

Gravure au burin publiée par J. Mariette.

161. Portrait en pied de Mme de Maintenon, en costume de cérémonie.

Gravure au burin publiée par Trouvain.

162. Portrait de Mme de Maintenon donnant des ordres aux demoiselles des quatre classes de Saint-Cyr.

Gravure publiée par Guérard.

163. Portrait de Mme de Maintenon au milieu des religieuses et des demoiselles de Saint-Cyr.

Gravure au burin anonyme.

164. Religieuse de Saint-Cyr. En pied, se rendant à l'office.

Gravure au burin publiée par Arnoult.

165. Demoiselle de Saint-Cyr, 1re classe. Les jeunes filles de cette classe portaient le ruban bleu; elles étaient coiffées d'une fontange, d'une capeline foncée et portaient l'éventail.

Gravure au burin publiée chez Arnoult.

166. Demoiselle de Saint-Cyr, 2ᵉ classe. Ces jeunes filles portaient le ruban jaune.

Gravure au burin par Arnoult.

167. Demoiselle de Saint-Cyr, 3ᵉ classe. Ces jeunes filles n'avaient pas la capeline et portaient le ruban vert.

Gravure au burin par Arnoult.

168. Demoiselle de Saint-Cyr, 4ᵉ classe. Costume identique à celui de la 3ᵉ classe; ces jeunes filles portaient le ruban rouge.

Gravure au burin par Arnoult.

MÉDAILLES DE JEAN RACINE.

169. JEAN|RACINE. Buste de Racine, de trois quarts. à droite. Sous la tranche du buste :
CATONI . MDCXVIII (*sic*).
℞. DE L'AMOUR IL DÉPEINT LES TRAGIQUES DOULEURS.
La Tragédie debout, couronnée, portant une couronne de laurier et un sceptre, reçoit un poignard des mains de l'Amour.
Bronze doré; diamètre : 56 millimètres.

170. JEAN|RACINE. Buste de Racine, à droite: sur l'épaule : I. D.

R̂. Au premier plan, Minerve à demi couchée, accoudée sur une tête de mort et tenant une palme; derrière elle, au second plan, un tombeau (?), sur lequel on lit : DE L'ACADÉMIE || FRANÇOISE || POËTE || M. 1699. Dans l'exergue : I. D. F. (Johannes Dassier fecit).

Bronze; diamètre : 28 millimètres.

(Série Dassier.)

171. JEAN | RACINE. Buste de Racine, à droite; sur la tranche de l'épaule : ANDRIEU F.

R̂. Inscription en huit lignes : NÉ || EN M.DC.XXXIX. || A LA FERTÉ-MILON. || MORT || EN M. DC. XCIX. || GALERIE MÉTALLIQUE || DES GRANDS HOMMES FRANÇAIS. || 1817.

Bronze; diamètre : 41 millimètres.

(Galerie métallique des Grands hommes français.)

172. JOHANNES | RACINIUS. Buste de Racine, à gauche; sous la tranche du buste : CAQUÉ F.

R̂. Inscription en neuf lignes : NATUS || FERITATE MILONIS || IN GALLIA || AN.M.DC.XXXIX. || OBIIT || AN.M.DC.XCIX. || SERIES NUMISMATICA || UNIVERSALIS VIRORUM ILLUSTRIUM || M. DCCC.XXI.

En bas : DURAND EDIDIT.

Bronze; diamètre : 41 millimètres.

(Série numismatique.)

173. JEAN|RACINE. Son buste nu, à droite; sur la tranche de l'épaule : 18.., et au-dessous : CAU-NOIS F.

R̰. Dans une couronne de chêne, inscription en sept lignes : NÉ A ‖ LA FERTÉ MILON ‖ 1639 ‖ MEMBRE ‖ DE L'ACAD^IE FRANÇ^SE ‖ 1673 ‖ MORT 1699.

Bronze; diamètre : 5o millimètres.

JETON EXÉCUTÉ EN 1698

D'APRÈS LES INDICATIONS DE RACINE.

174. MARIA ADELAIS|DUCISSA BURGUND). Buste de la duchesse de Bourgogne, à droite; au-dessous de la tranche de l'épaule : ROVSSEL.

R̰. FIRMAT ET ORNAT.

Une rose, sur laquelle le soleil darde ses rayons. Dans l'exergue : 1699, et plus bas : R, l'initiale du graveur Roussel.

Cuivre; diamètre : 28 millimètres.

La part qui revient à Racine dans la préparation de ce jeton est indiquée par le procès-verbal de la séance de l'Académie des inscriptions du 25 novembre 1698. Voyez plus haut, n° 130.

www.ingramcontent.com/pod-product-compliance
Lightning Source LLC
Chambersburg PA
CBHW061125050726
47594CB00005B/2104